BLUE EXORCIST 7
KAZUE KATO

BLUE EXORCIST 7

INHALT

CHARACTER PROFILES

1

⚜ Heiligkreuz-Ritterschaft ⚜

Rin Okumura

In Rins Adern fließt zur Hälfte menschliches und zur Hälfte Dämonenblut. Er will sich zum Exorzisten ausbilden lassen, um den Tod seines Pflegevaters Shiro Fujimoto zu rächen. Gegenwärtig studiert er im ersten Schuljahr an der Heiligkreuz-Akademie, wo er es im Exorzisten-Kolleg zum „Adepten" gebracht hat. Sein Wunsch ist es, die Meisterprüfung im Fach Schwertkampf abzulegen und so ein „Knight" zu werden. Von seinem Pflegevater Fujimoto hat er ein Dämonen bezwingendes Schwert geschenkt bekommen, das er stets bei sich trägt. Sobald Rin das Schwert zieht, wird er von blauen Flammen eingehüllt und kann satanische Kräfte entfalten. Als er trotz eines Verbots die Flammen einsetzt, wird er von der Ritterschaft festgenommen.

Yukio Okumura

Rins jüngerer Zwillingsbruder träumt davon, einmal Arzt zu werden. Er ist Schüler der Heiligkreuz-Akademie, unterrichtet aber zugleich als Lehrer im Exorzisten-Kolleg das Fach „Anti-Dämonika". Besitzt die Titel „Dragoon" und „Doctor".

Shiemi Moriyama

Tochter der Besitzerin des „Futsumaya" (ein Laden für Exorzismus-Bedarf). Auf Anregung von Rin und Yukio hin lässt sie sich zur Exorzistin ausbilden und hat die Adepten-Prüfung erfolgreich abgelegt. Besitzt Talent als „Tamer" und kann eine Larve des „Grünen Mannes" herbeirufen.

Ryuji Suguro

Der Adept ist Stammhalter eines altehrwürdigen Tempels in Kyoto, der als Folge der sogenannten „Blauen Nacht" in einer schweren Krise steckt. Ryuji will Exorzist werden, um den Tempel zu neuem Leben zu erwecken. Er strebt die Titel „Dragoon" und „Aria" an.

Renzo Shima

Ein Schüler von Suguros Vater und zugleich ein Freund Suguros. Der Adept strebt den „Aria" an. Shima ist eher leichtlebig und stellt gerne den Mädchen nach.

Konekomaru Miwa

Genau wie Shima ist auch Konekomaru ein Freund von Suguro und ein Schüler von dessen Vater. Auch er ist Adept und strebt den Titel „Aria" an. Der kleinwüchsige Shima ist von Natur aus eher still.

Izumo Kamiki

Die Adeptin stammt aus einer Familie von Tempeldienerinnen eines Shinto-Schreins. Sie besitzt Talent für die Technik des „Tamers", und es gelingt ihr einmal, zwei Byakkos (in Form von zwei weißen Füchsen) herbeizurufen.

Shura Kirigakure

Eine Oberinspektorin, die von der Zentrale im Vatikan an die Heiligkreuz-Akademie geschickt wurde. Exorzistin erster Klasse, besitzt die Titel „Knight", „Tamer", „Doctor" und „Aria".

Mephisto Pheles

Direktor der Heiligkreuz-Akademie, Leiter des Exorzisten-Kollegs. Ein Freund von Vater Fujimoto und der Vormund von Rin und Yukio. Plant, Rin zu einer Waffe für den Kampf gegen Satan zu machen.

Shiro Fujimoto

Pflegevater von Rin und Yukio. Pfarrer der Heiligkreuz-Kirche. Führte den Titel eines „Paladins" (auch: „Heiliger Ritter") und war zuletzt Dozent im Fach Anti-Dämonika. Als es Satan gelingt, von ihm Besitz zu ergreifen, opfert er sein Leben, um Rin zu schützen.

Kuro

Die Cait Sith (ein Katzendämon) war ehemals ein magischer Diener von Pater Fujimoto. Sie wird von Rin gerettet, als sie nach dem Tod Fujimotos droht, sich wieder in einen Dämon zurückzuverwandeln. Fortan ist sie Rins ständige Begleiterin. Hatte eine große Schwäche für Pater Fujimotos hausgemachten Wein mit Katzenminze.

Tatsuma Suguro

Ryujis Vater, Abt („Ossama") und Hauptpriester der Myoda-shu. Kümmert sich vordergründig nicht um die Wiederbelebung des Tempels und wird deshalb von seiner Umgebung für „verdorben" gehalten. Außerdem scheint Ossama irgendetwas im Schilde zu führen. ...

Uwabami Hojo

Exorzist erster Klasse (buddhistische Richtung) mit den Titeln „Tamer" und „Aria". Ist ebenso wie Yaozo Erzpriester der Myoda-shu, die er mit ihm gemeinsam führt.

Yaozo Shima

Renzos Vater. Der Exorzist erster Klasse (buddhistische Richtung) verfügt über die Titel „Aria" und „Knight". Besitzt zudem in der Myoda-shu den zweithöchsten Rang des „Erzpriesters".

Juzo Shima

Zweitgeborener Sohn im Hause Shima. Der Exorzist zweiter Klasse (buddhistische Richtung) verfügt über die Titel „Knight" und „Aria". Wirkt freundlich und gelassen, kann aber überraschend jähzornig sein.

Kinzo Shima

Viertgeborener Sohn im Hause Shima. Der Exorzist vierter Klasse (buddhistische Richtung) verfügt über die Titel „Knight" und „Aria". Ähnlich aufbrausend wie sein Bruder Juzo.

Torako Suguro

Ryujis Mutter. Betreibt das Ryokan Toraya und unterstützt den maroden Tempel ihres Mannes finanziell.

Mamushi Hojo

Exorzistin dritter Klasse (buddhistische Richtung) mit den Titeln „Tamer" und „Aria". Kann aus ihren Händen magische Diener in Schlangenform („Naga") herbeirufen. Sie ist besorgt um die Zukunft der Myoda-shu, aber Todo gelingt es, sie zu täuschen und zu seiner Komplizin zu machen.

✦ Dämonen ✦

Saburota Todo

Stammt aus einer Familie, die im Laufe der Geschichte schon viele Exorzisten hervorgebracht hat, wird aber selbst zu einem Dämon und bringt die beiden Augen des Unreinen Königs in seinen Besitz. Seine eigentlichen Ziele bleiben vorerst im Unklaren.

⚛ WAS BISHER GESCHAH ⚛

VOR RIN, IN DESSEN ADERN SICH MENSCHLICHES BLUT UND DÄMONENBLUT MISCHEN, ERSCHEINT EINES TAGES ÜBERRASCHEND SEIN LEIBLICHER VATER SATAN. ALS ER RIN – DER DIE DÄMONISCHEN KRÄFTE SEINES VATERS GEERBT HAT – ENTFÜHREN WILL, BEZAHLT SHIRO FUJIMOTO DEN VERSUCH, SEINEN PFLEGESOHN RIN ZU BESCHÜTZEN, MIT DEM LEBEN. BESEELT VON DEM WUNSCH, EXORZIST ZU WERDEN UND SEINEN PFLEGEVATER ZU RÄCHEN, BEGINNT RIN EINE AUSBILDUNG AM EXORZISTEN-KOLLEG, WO SEIN JÜNGERER BRUDER YUKIO BEREITS ALS DOZENT ARBEITET.

ALS BEI EINEM TRAININGSCAMP IN DEN SOMMERFERIEN HERAUSKOMMT, DASS RIN EIN SOHN SATANS IST, WIRD ER EINEM STRENGEN VERHÖR DURCH DIE HEILIGKREUZ-RITTERSCHAFT UNTERZOGEN. AM ENDE STELLT MAN RIN IN AUSSICHT, IHN NOCH EINMAL UNGESCHOREN DAVONKOMMEN ZU LASSEN, WENN ER DIE IN SECHS MONATEN STATTFINDENDE EXORZISTENPRÜFUNG ERFOLGREICH ABSOLVIERT. ZUNÄCHST MUSS RIN ABER UNTER DER AUFSICHT VON YUKIO UND SHURA LERNEN, SEINE FLAMMEN KONTROLLIERT EINZUSETZEN. GLEICH AM ERSTEN TAG DES TRAININGS WIRD DAS LINKE AUGE DES UNREINEN KÖNIGS, DAS IM „TIEFSTEN TEIL" DER AKADEMIE VERWAHRT WIRD, VON EINEM UNBEKANNTEN GERAUBT.

DARAUFHIN WERDEN RIN UND SEINE KAMERADEN UNTER
DER FÜHRUNG VON SHURA KIRIGAKURE NACH KYOTO IN
EINE AUSSENSTELLE DER RITTERSCHAFT GESCHICKT, UM
BEI DER BEWACHUNG DES DORT VERWAHRTEN RECHTEN
AUGES DES UNREINEN KÖNIGS ZU HELFEN. MEHR ALS DIE
HÄLFTE DES KÄMPFENDEN PERSONALS DER AUSSENSTELLE
SIND ANGEHÖRIGE EINER BUDDHISTISCHEN GEMEINSCHAFT
NAMENS MYODA-SHU. OBERHAUPT DER MYODA-SHU IST
HAUPTPRIESTER TATSUMA SUGURO („OSSAMA"), SEIN SOHN
RYUJI BESUCHT GEMEINSAM MIT RIN DAS EXORZISTEN-
KOLLEG. ALS TATSUMA EINER VERSAMMLUNG DER MYODA-
SHU FERNBLEIBT UND SICH MERKWÜRDIG VERHÄLT, ALS DIE
AUSSENSTELLE KYOTO WENIG SPÄTER ANGEGRIFFEN WIRD,
WACHSEN DIE ZWEIFEL AN SEINER INTEGRITÄT.

DANN KOMMT DER GROSSE AUFTRITT DER VERSCHWÖRER:
MAMUSHI HOJO, TOCHTER DES ZWEITHÖCHSTEN PRIESTERS
DER MYODA-SHU, HILFT SABUROTA TODO DABEI, DAS RECHTE
AUGE DES UNREINEN KÖNIGS ZU RAUBEN. DIE NERVEN AUF
SEITEN DER EXORZISTEN LIEGEN BLANK. RYUJI HAT GENUG
VOM MERKWÜRDIGEN VERHALTEN SEINES VATERS UND GEHT
AUF IHN LOS. RIN, DER SCHLIMMERES VERHINDERN WILL,
MISCHT SICH EIN, SETZT DABEI ABER DIE VERBOTENEN
BLAUEN FLAMMEN EIN. ER WIRD AUF DER STELLE VON SHURA
ÜBERWÄLTIGT UND FINDET SICH BALD DARAUF IN EINER
ARRESTZELLE WIEDER ...

KAPITEL 24: DAS LEERE SCHWERT

SIEH AN! DER DÄMONEN-BEZWINGER ...

... IST DAS HEILIGTUM DER MYODA-SHU!

DORT LIEGT ALSO DIE VERBINDUNG ZU VATER FUJIMOTO!

KRATZ
KRATZ

MICH BESCHLEICHT EINE SELT-SAME AHNUNG ...

ICH WEISS IMMER NOCH NICHT, WAS SUGUROS VATER EIGENTLICH VON MIR WILL ...

ÄH, JA ...

LIES SCHON WEITER VOR!

YUKIO.

RIN ...

LIES ENDLICH DEN BRIEF VOR!

THANK YOU!!

KONGOSHINZAN

TAP

HIER LIEGT ALSO DIE WIEGE DER MYODA-SHU ...

FUDOBU-TEMPEL, HAUPTHEILIGTUM DER MYOO-DARANI-SHU (MYODA-SHU)

ICH FRAGE MICH BLOSS ... IST DIESE HALLE DENN WIRKLICH SICHER?

BEEILEN WIR UNS! DIE GOMA-HALLE IST GLEICH DA HINTEN!

HAH

HAH

HAH

HAH

DORT WAR URSPRÜNGLICH DAS RECHTE AUGE GEBANNT.

DER FUDOBU-TEMPEL IST WIE EIN SCHUTZWALL UM DIE GOMA-HALLE HERUM ANGELEGT.

ES IST LANGE HER, DASS ICH ZULETZT HIER OBEN WAR.

...

AM BESTEN BRINGEN WIR ES AN DIESEN ORT ZURÜCK!

HAH

... MAMUSHI!

KOMM!

LASS UNS GEHEN, ...

DAS IST ALSO DIE GOMA-HALLE?

WAS ICH DA TUE ...

HAH

HAH

GENAU.

ABER JETZT, WO ...

DAS WAR FRÜHER EIN VERBOTENER ORT. NIEMAND AUSSER DEM ABT DURFTE IHN BETRETEN.

KNARR

DIE ANDEREN WERDEN MIR DAS NICHT VERZEIHEN.

... DER ABT UND DAS HEILIGTUM FEHLEN, IST DIE HALLE WIE EINE ABGEWORFENE SCHLANGENHAUT.

IRGENDWO MUSS ES EINE GEHEIMTÜR GEBEN.

SUCHEN WIR DANACH.

JA.

ABER WIESO BRENNT DORT DAS RITUELLE FEUER?

HM.

... DASS OSSAMA VERTRAUENS-WÜRDIG IST, ...

ABER SOLANGE ICH KEINEN BEWEIS DAFÜR HABE, ...

... MUSS ICH ES TUN!

HAH

HAH

FSSSH

BEKANNT AUCH UNTER DEM NAMEN KURIKARA. EIN MAGISCHES SCHWERT, DAS ÜBER GENERATIONEN DAS HAUPTHEILIGTUM DER MYODA-SHU WAR.

DER DÄMONEN-BEZWINGER.

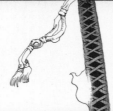

... DER GANZ JAPAN IN ANGST UND SCHRECKEN VERSETZTE.

... ERSCHIEN DER UNREINE KÖNIG, EIN SEUCHEN VERBREITENDER DÄMON, ...

VOR GUT 150 JAHREN ...

... UND ES WAR DAS FEUER, MIT DESSEN HILFE DER UNREINE KÖNIG BEZWUNGEN WURDE.

FUKAKU, DER GRÜNDERVATER DER MYODA-SHU, ZITIERTE DEN FEUER-DÄMON KARURA AUF DIESES SCHWERT HERAB ...

DAMIT ENDET DIE GESCHICHTE VON MIR UND FUJIMOTO.

BEVOR MEIN VATER STARB, WEIHTE ER MICH IN DAS GROSSE GEHEIMNIS DER MYODA-SHU EIN UND MACHTE MICH ZU SEINEM NACHFOLGER ALS ABT.

... KAM ES DANN ZUR »BLAUEN NACHT«.

EINIGE MONATE SPÄTER ...

UND DIESES GEHEIMNIS IST WIRKLICH FURCHTBAR.

RUMPEL

HIER IST ALSO DAS VERSTECK.

SEHEN WIR MAL NACH ...

ICH WUSSTE NICHTS VON DIESEM KELLERRAUM ...

HUST!

HUST!

EINE TÜR!

... EINE SO WICHTIGE SCHÜLERIN IN DIESE SACHE HINEINGEZOGEN HABE.

ICH BEREUE ES SCHON, DASS ICH ...

DEINE ZUKUNFT IST MIR WICHTIG.

WIR SIND GLEICH DA.

UND ICH MACHE MIR SORGEN UM DEINE GE- SUNDHEIT.

GIB MIR DAS RECHTE AUGE!

ICH DACHTE, ES WÄRE GEFÄHR- LICH, BEIDE AUGEN ZU BESITZEN!

ÄH?!

ÄH?

IM JAHRE 1858 ...

DAS IST DER UNREINE KÖNIG.

ABER ES GELANG IHM NICHT, DEN UNREINEN KÖNIG VOLLSTÄNDIG ZU BESIEGEN. STATT-DESSEN NAHM ER IHM SEINE AUGEN UND BANNTE IHN.

... HAT EUER AHNHERR FUKAKU ...

... EIN BÜNDNIS MIT EINEM SCHWERT GESCHMIEDET, DAS VON DEM FEUER-DÄMON KARURA BESESSEN WAR.

DAS IST DIE WAHRHEIT ÜBER DIE ÜBER-LIEFERUNG DER MYODA-SHU.

ALS DAS GESCHEHEN WAR, VERSCHWAND KARURA AUS KURIKARA.

WAS WAR DAS?!

!!

O...

OSSAMA?!

MAMUSHI ...

ICH BRINGE DICH ZURÜCK ZU DEINEM VATER!

KEINE SORGE!

STARKER AUFTRITT!!

BLUE EXORCIST · KAPITEL 24 · DAS LEERE SCHWERT

KAPITEL 25: DER UNREINE KÖNIG

KAPITEL 25: DER UNREINE KÖNIG

FLAMMEN KARURAS!

MUDRA DES FLAMMEN-FRESSERS!

WENN DAS SO IST ...

NICHT UNGEWÖHNLICH FÜR MENSCHEN, DIE VON DÄMONEN BESESSEN SIND.

DIESE KÖRPERLICHEN FÄHIGKEITEN ...

MUDRA DES FEUER-STAUBS!

FLAMMEN KARURAS!

DANN SPIELE ICH MEINEN LETZTEN TRUMPF AUS!!

NICHT!

HAH ...HAH ...

...!!

HALT DICH GUT AN MIR FEST!

BLUB
BLUB
BLUB
BLUB
BLUB

MAMUSHI! REISS DICH ZUSAMMEN!

KEUCH KEUCH

AH
AAH
AH!

DER UNREINE KÖNIG ERWACHT ...!

»JUZO! DU HEFTEST DICH AN DIE FERSEN VON OSSAMA!«

„DIE SPUREN DER DREI ENDEN HIER...!"

DIE GOMA-HALLE ...

WAS IST HIER PASSIERT?

WAS
...

KRA ACK

OSSAMA!!

MAMUSHI
...

JUZO?!

FWUUS

CH

WAS
IST
DAS?!

WHMM

WHMM

SPRUZZ

TSS ...

WAS IST DAS?!

DU BIST GERADE RECHTZEITIG GEKOMMEN, JUZO.

HAH

HAH

HAH

ICH SAG BESCHEID!

ABER WAS IST DAS FÜR EIN MONSTER?!

BITTE BRING MAMUSHI IN SICHERHEIT! FORDERE VERSTÄRKUNG VON DER AUSSENSTELLE AN!

ALS OB YAOZO DAS VORAUSGEAHNT HÄTTE ...

ICH WERDE VERSUCHEN, IHN AUFZUHALTEN!

UND WAS WIRD AUS DIR?!

MAMUSHI KANN DAS ERKLÄREN!

SEI SO GUT UND BRINGE SIE ZU IHREM VATER. ICH KANN HIER NICHT WEG!

IHR ZUSTAND IST KRITISCH! SIE HATTE DAS RECHTE AUGE DES KÖNIGS EINGESETZT!

OS...

...SAMA...

MAMUSHI.

DU MUSST DEN LEUTEN DIE GANZE WAHRHEIT SAGEN!

LOS GEHT'S, MAMUSHI!

HALT DICH GUT FEST!

UND JETZT GEHT ENDLICH!!

OSSAMA...

ICH ZÄHLE AUF DICH!

...

ALSO GUT ...

WHOFF

MEIN GEHEIMNIS WURDE OFFENBART!

DIE ABMACHUNG, WONACH ICH DEM ABT DER MYODA-SHU DIENE, IST DAMIT HINFÄLLIG!

OSSAMA ...!!

ABER DU UND ICH HABEN NOCH EINE PERSÖNLICHE ABMACHUNG, RICHTIG?

FÜR DIESES MUDRA SIND GROSSE MENGEN AN KRAFT UND FEUER NOTWENDIG!

DER UNREINE KÖNIG WIRD WACHSEN UND SEIN MIASMA VERBREITEN.

BEVOR ES DAZU KOMMT, MUSS ICH IHN MIT DEM „MUDRA DES REINIGENDEN FEUERBANNS" AUFHALTEN!

WIR SETZEN DIE „FLAMME DER ÄONEN-WELLE" EIN!

BENUTZT DU SIE JETZT, UM IHN AUFZUHALTEN, WIRD DIE MÖG-LICHKEIT, DEN UNREINEN KÖNIG ZU BEZWINGEN, IN ALLE EWIGKEIT VERLOREN SEIN!

DIE FLAMME DER ÄONEN-WELLE IST DAZU GEDACHT, DEN UNREINEN KÖNIG ENDGÜLTIG ZU VERNICHTEN.

WIR HABEN KEINE WAHL!!

LOS GEHT'S!!

AUSSERDEM IST DIE BELASTUNG DES KÖRPERS UNER-MESSLICH ...

TAPH

GUT ... FÜRS ERSTE WÄRE ER AUFGEHAL...

HAH

HAH

HAH

ICH HATTE DICH GE-WARNT!

DAS HAT EINE MEN-GE KRAFT GEKOSTET ...

TSS...

UND SOLANGE ICH LEBE, WIRD ES AUCH EINEN WEG GEBEN, IHN ZU BESIEGEN!

ABER NOCH LEBE ICH ...

TSCHUCK

AGGH!

WAS ...?!

HÄÄAH

DU BIST WIRKLICH EIN RÄTSEL-HAFTER MENSCH.

THUD

ACH JA ...

FÜR FRAU HOJO TUT ES MIR ALLER-DINGS LEID.

LÄCHEL

LÄCHEL

ICH HABE LANGE ÜBER-LEGT, WIE ICH DICH AUS DER RESERVE LOCKEN KÖNNTE.

SWF

DU ZEIGST DICH SO SELTEN.

SCHLIESSLICH WURDE MIR KLAR, DASS DER UNREINE KÖNIG DIE EINZIGE MÖGLICHKEIT IST.

DU BIST SCHWER ZU FINDEN.

ABER ES HAT MICH JAHRELANGE VORBEREITUNG GEKOSTET, DIESEN TAG ERLEBEN ZU DÜRFEN.

?

... DASS DIE MYODA-SHU DEN UNREINEN KÖNIG MITHILFE VON KARURA GEBANNT HAT.

ICH WUSSTE GENAU, ...

MEIN ZIEL BIST DU, TATSUMA SUGURO.

ER HAT KARURA GEZWUNGEN, VON IHM BESITZ ZU ERGREIFEN!

EINE KRAFT, DIE ALLE VORSTELLUNG ÜBERSTEIGT!

DAS IST SCHLICHT UNMÖGLICH ...!!

NANU?

DAS GIBT'S DOCH NICHT!

EIN MENSCH, DER SICH FREIWILLIG EINEM DÄMON AUFZWINGT ...

IST DAS EINE ART NEBENWIRKUNG VON KARURAS KRÄFTEN?

ICH MUSS SAGEN ... ICH FÜHLE MICH DEUTLICH VERJÜNGT!

ABER ...

... ER WIRD SICH SCHON NOCH AN MICH GEWÖHNEN.

SCHEINT, DASS ICH NICHT DAS PASSENDE GEFÄSS FÜR IHN BIN.

JETZT TOBT ER IN MEINEM BAUCH HERUM ...

HE HE HE!

UGH ...

!

DAMIT BIN ICH MEINEM ZIEL EINEN SCHRITT NÄHER GEKOMMEN.

VIELEN DANK, TATSUMA SUGURO!

WARTE ...!!

OKUMURA ...

HALT ...

ICH BITTE DICH ...

NIMM DEN DÄMONEN-BEZWINGER UND BESIEGE DEN UNREINEN KÖNIG!

... ABER ...

ICH WEISS, DASS ES UNVERNÜNFTIG UND VERWEGEN IST, SO ETWAS VON DIR ZU VERLANGEN, ...

... FALLS DU ...

... DANN MÖCHTE ICH DARAN APPELLIEREN ...

... EIN KLEIN WENIG MITGEFÜHL IN DEINEM HERZEN TRÄGST ... SO WIE DER MANN, DER DICH GROSS-GEZOGEN HAT, ...

„DANKE, DASS DU DEN BRIEF ZU ENDE GELESEN HAST."

„TATSUMA SUGURO".

ICH WUSSTE, DASS DER BRIEF DURCH-GEKNALLT IST.

HE HE HE ...

PUH ...

NUN JA ...

WAS ...?!

KOMME HERAB ZU MIR ...

... UND BEGIB DICH IN SEINE HÄNDE.

WENN ER SAGT, DASS ER KÄMPFEN WILL, SOLLTEN WIR IHM DAS NICHT OHNE GENAUE KENNTNIS DER SITUATION VERWEIGERN.

HN?

KOLLEGIN SHURA, WAS SOLL DAS?!

SCHNAPP

SHURA ...!!

?!

ICH SAGE, WIR LASSEN IHN HIER UND JETZT DAS SCHWERT ZIEHEN.

RIN HAT GERADE ERST WIEDER EINMAL DIE KONTROLLE ÜBER SEINE FLAMMEN VERLOREN!

ES WÄRE VOLLKOMMENER IRRSINN, IHM DEN DÄMONENBEZWINGER IN DIE HAND ZU DRÜCKEN!

BEIM NÄCHSTEN ZWISCHENFALL WERDEN SIE IHN HINRICHTEN!

HÖR MAL ZU.

IN DEM MOMENT, ALS ICH DEN FESSELUNGS- SPRUCH REZI- TIERTE, WUSSTE DER VATIKAN DOCH SCHON BESCHEID.

WENN DER UNREINE KÖNIG ERWACHT IST UND TATSÄCHLICH EXISTIERT, ...

ES IST ZU SPÄT, SICH DESHALB INS HEMD ZU MACHEN!

UND DA IST NOCH ETWAS!

UN!!

LASS DAS LOS!

H N N N N G

IGH!!!

... DANN STELLT ER ZURZEIT EINE WESENTLICH GRÖSSERE GEFAHR DAR ALS RIN!

WENN DIE'S DRAUF ANLEGEN, RICHTEN SIE IHN SOWIESO JEDERZEIT HIN.

... DASS SEINE FLAMMEN BEI DÄMONEN BISHER SEHR EFFEKTIV WAREN.

UND DU HAST DOCH SELBST GESEHEN, ...

EINEN VERSUCH IST ES WERT!

SST

GRAB

LOS, RIN!

ZIEH DAS SCHWERT!

GRAB

oooo!!

NANU ...

...!!!

WAS TUST DU DA, RIN?

WAS IST LOS?

UGH?!

HMMPF.

AAH... UOOOAAARGH!!

ICH KANN ES NICHT ZIEHEN!!

HAH

HAH

KEUCH

ICH WEISS AUCH NICHT.

WAS SOLL DAS HEISSEN?

ÄH?!

NEIN ...

DANN GIB ES MIR! ICH WERDE ES FÜR DICH ZIEHEN!

KEINE AHNUNG WIESO, ABER ES GEHT EINFACH NICHT RAUS!

...

PAT

RIN?

ICH VERSTEHE ...

DAS KLEMMT NUR EIN WENIG. GANZ BESTIMMT!

ICH ZIEHE ES SELBST!

RIN.

DU HAST ANGST, NICHT WAHR?

NA KLAR. IST JA AUCH NUR ZU VERSTÄNDLICH.

ÄH?

NA, WAS SAGST DU DAZU, SHURA!!

ICH HAB SIE ANGEZÜNDET, OHNE SIE ZU VERBRENNEN!!

...VERLIERST DU WIEDER DIE BEHERRSCHUNG.

DU SETZT DIE FLAMMEN EIN UND TICKST VÖLLIG AUS.

...DASS DU DIE FLAMMEN ENDLICH KONTROLLIEREN KANNST.

UND KEINE STUNDE SPÄTER...

ERST DIE FREUDE DARÜBER,...

INNERHALB VON AUGENBLICKEN HATTEST DU DAS GEFÜHL, WIEDER GANZ AM ANFANG ZU STEHEN.

„VIELLEICHT WERDE ICH MICH WIEDER SELBST VERGESSEN."

„WAS WIRD PASSIEREN, WENN ICH DAS SCHWERT NÄCHSTES MAL ZIEHE?"

„WER WEISS, OB ICH NÄCHSTES MAL NICHT JEMANDEN VERLETZE?"

VOLL-TREFFER, NICHT WAHR?

ABER DAS IST DOCH ...

DU HAST ...

... DEIN SELBST-VERTRAUEN VERLOREN.

...!!!

RIN.

DU HAST DEIN SELBSTVERTRAUEN VERLOREN.

UUH...

GIBT DAS SCHWERT ZURÜCK.

LASS GUT SEIN, RIN.

HE ...

EINEN MOMENT MAL ...

?!

QUIETSCH

OJEMINE ...

DAS SOLL DER GRUND SEIN, WIESO ICH DAS SCHWERT NICHT ZIEHEN KANN?

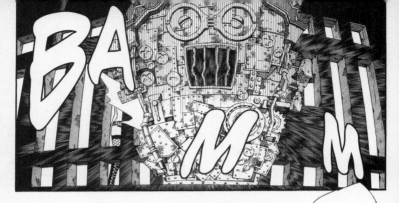

... SCHERZE ERLAUBEN ZU KÖNNEN.

ICH BIN LEIDER ZU BESCHÄFTIGT, UM MIR IN DERLEI DINGEN ...

SOLL DAS EIN WITZ SEIN?!

DAS GEHT MIR ZU SCHNELL!

ALLERDINGS HAT IM MOMENT ...

... DIE BEKÄMPFUNG DES UNREINEN KÖNIGS ABSOLUTE PRIORITÄT.

ALLES OKAY, YUKIO?

WOHER ... WEISST DU DAVON?!

HATSCHI!

PARDON. HALTE DAS BITTE MAL!

KAPITEL 26: FEUER DES HERZENS
GROOOOM
DAS IST ...
... DER UNREINE KÖNIG!

IN DIE-
SEM SINNE
WÜNSCHE ICH
NOCH EINEN
GESEGNETEN
KAMPF!

ICH
ERLAUBE MIR
EIN BESCHEI-
DENES KLEINES
GESCHENK BEI-
ZUSTEUERN!

DA WIRD
EINIGES
AN LEUTEN
VONNÖTEN
SEIN!

HE!

HEDA!!
WARTE!!

?!

VIELLEICHT
ERWEIST SICH
DAS JA ALS
IRGENDWIE
NÜTZLICH
...

...

SIE WERDEN
UNS FÜR DEN
KAMPF GEGEN
DEN UNREINEN
KÖNIG EINSPAN-
NEN WOLLEN.

WIE
BITTE?

DIESER
MISTKERL
...

KONZENTRIEREN
WIR UNS BESSER
AUF DAS, WAS IN
UNSERER MACHT
STEHT.

WAS IST DENN DA DRAUSSEN FÜR EIN TUMULT?

DA MUSS IRGEND- ETWAS PASSIERT SEIN.

ALLES, WAS LAUFEN KANN, SOLL ZUR AUS- SENSTELLE KOMMEN!!

VER- STAN- DEN!

SIE HABEN EINE DRINGEN- DE GENERAL- VERSAMMLUNG EINBERUFEN!!

SCHEINT, DASS JUZO SIE ZURÜCK- GEBRACHT HAT.

JA.

HABEN DIE MAMUSHI WIRKLICH GESCHNAPPT?

?!

BON!!

WOHIN ...?!

MAMUSHI ...!

JUZO IST
ZURÜCK!!

TUSCHEL

IHR MÜSST
ALLE ZUSAM-
MENRUFEN!

MAMUSHI!

JUZO!

HUST!
HUST!

VIELEN ...
DANK ...

TUSCHEL

TUSCHEL

ABER IHR
MÜSST
TROTZDEM
GLAUBEN,
WAS ICH EUCH
JETZT SAGE.

ICH WEISS,
ICH BIN EINE
VERRÄTERIN
...

HÖRT
MIR ZU!

HUST!

HUST!

TUSCHEL

HAH

... MIT DEM
RECHTEN UND
LINKEN AUGE
...

SABUROTA
TODO UND ICH
HABEN ...

HAH

USCHEL

... DEN UNREINEN KÖNIG WIEDER- BELEBT!

?!

WIE BITTE?!

DEN UNREINEN KÖNIG?

NEIN ... ER WAR IN EINEM UNTERIRDISCHEN RAUM AUF DEM KONGOSHINZAN IN EINER ART SCHEINTOTEM ZU- STAND GEBANNT.

TUSCHEL

ABER WURDE DER UNREINE KÖNIG NICHT SCHON IN DER EDO-ZEIT BEZWUNGEN?

TUSCHEL

UND TATSUMA SUGURO ...

... IST ALLEIN VOR ORT GEBLIE- BEN, UM IHN ZU BEKÄMPFEN ...

RUHE IM SAAL!

TUSCHEL

TUSCHEL

HELFT OSSAMA ...

HUST!

LASST MICH ...

ÄH ... JA ... GEHT KLAR!

PASST MIR AUF BON AUF!! WENN IHM WAS ZUSTÖSST, REISSE ICH EUCH IN STÜCKE!!

RENZO!! KONEKO!!

LÄCHEL GRAH

ICH SCHLIESSE MICH NACHHER DER 1. EINHEIT AN.

BON! GEH DU MIT DEN ANDEREN INS RYOKAN!

SIE IST EINE FRAU, TODO!

HAH

NARR!

HAH

DA SEID IHR JA, JUNGS!

HE!

NICHTS ZU MACHEN.

JUZO HAT UNS ANGEWIESEN, IM RYOKAN ZU BLEIBEN.

BON ...

KOMMT MAL HER ZU MIR!

RIN SOLL WEGEN DER SACHE MIT DEN FLAMMEN VORHIN HINGERICHTET WERDEN.

FRAU KIRIGA-KURE ...

!!!

DIE ENT-SCHEIDUNG IST UNUM-STÖSSLICH.

DER VATIKAN HAT'S ENT-SCHIEDEN.

...!!

UND DESHALB ...

KURIKARA?

... MÖCHTE ICH DIR DAS HIER AN-VERTRAUEN, SUGURO.

DA STEHT DRIN, DASS RINS KRÄFTE BENÖTIGT WERDEN, UM DEN UNREINEN KÖNIG ZU BESIEGEN.

AUSSERDEM EINEN BRIEF VON DEINEM VATER AN RIN.

WÄRT IHR NICHT BEREIT, *IHM* AUS DER KLEMME ZU HELFEN?

RIN IST BEREIT *UNS* ZU HELFEN.

DIE WERDEN EUCH DECKUNG GEBEN.

ZIEHT DIESE TARN-PONCHOS ÜBER.

UM DER TODESSTRAFE ZU ENTGEHEN, MUSS RIN SICH ENTSPRECHENDE VERDIENSTE ERWERBEN.

DIE WACHEN IM TRAKT MIT DEN EINZELZELLEN DÜRFEN EUCH NICHT BEMER-KEN.

ICH KANN NICHT OFFEN GEGEN SIE AGIEREN ...

WIE IHR SEHT, BIN ICH AUCH NUR EIN HAND-LANGER DER RITTERSCHAFT.

JA-HA!

KOMMAN-DANTIN KIRI-GAKURE! TEMPO!!

IHR KRIEGT DAS SCHON IRGENDWIE HIN!

ALSO, ICH ZÄHLE AUF EUCH, LEUTE!

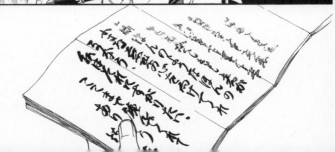

VIELEN DANK ...!

SUGURO!!

WHA

ZUM GEFÄNGNIS-TRAKT GEHT'S HIER LANG!!

BON!!

FF

... WERDE ICH DAS IRGENDWANN BESTIMMT BEREUEN.

MIWA!

IST DAS 'N WITZ?!

KONE-KO?!

ICH GLAUBE, WENN ICH IHM JETZT NICHT HELFE, ...

!!

WAS IST DENN MIT EUCH ALLEN LOS?!

WAS?! JETZT AUCH NOCH DU, IZUMO?!

NERV NICHT!

WAS IST?

HAST DU SO VIEL SCHISS VOR DEINEM GROSSEN BRUDER?

KAPIER EINER ...

MYODA-SHU? BEREU-EN?

ICH KAPIER'S WIRKLICH NICHT.

A HA HA HA!

LEG DICH INS BETT UND SCHLAF, BUBI!

ICH WERDE MEIN LEBEN FÜR DIE MYODA-SHU GEBEN!

PLATZ DA, RENZO!!

UFF!

SEID IHR LEBENS-MÜ...

THUD

THUD

THUD

THUD THUD

WAS FÜR EIN AKT!!

AAAAH ...

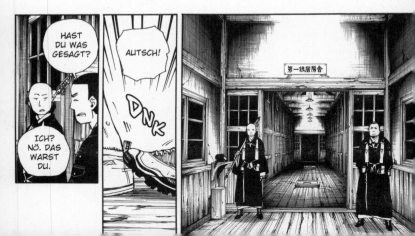

HAST DU WAS GESAGT?

ICH? NÖ. DAS WARST DU.

AUTSCH!

DNK

第一独居房舎

HAH! ICH BIN GANZ AUFGEREGT!

LÜG DOCH NICHT!

ICH HAB NIX GESAGT. DAS WARST DU!

PSST!

WIR SIND GLEICH DA!

NUR BLÖD, DASS WIR UNS AUCH GEGENSEITIG NICHT MEHR SEHEN.

DIESE PONCHOS SIND ECHT KLASSE.

PASS AUF, WO DU HINLATSCHST, KONEKO!

TUT MIR LEID, SHIMA ...

DUUH ... DUDUH ... DUDUH!

?!

UND DAS IST DIE TÜR ...?

BEANTWORTET MIR EINE FRAGE!

ÄH?

WITZFIGUR...

EIN DÄMON?!

VON INNEN KANN MAN MICH UNMÖGLICH ÖFFNEN, ABER VON AUSSEN IST ES EIN KINDERSPIEL!

HI HI HI HI HI!!! ICH BIN DAS STÄRKSTE GEFÄNGNIS!!

GRINS

WAS MACHT MICH WOHL SO STARK?

WENN IHR MICH HERAUSFORDERN WOLLT, BITTE! VERSUCHT EUER GLÜCK!

DA IST WOHL KÄMPFEN ANGESAGT ...

WUSCH

TSS...

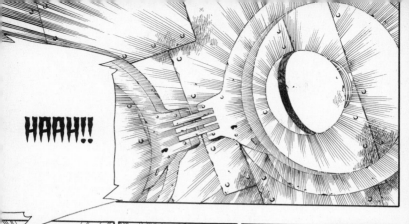

HAAH!!

STILLE

DIE
LÖSUNG
LAUTET,
...

ÄH ...

DARAUF GRÜNDET SICH MEIN RUF! NIA HA HA HA HA!

...
ICH LASSE JEDEN ERSTARREN, DER SICH IN FEINDSELIGER ABSICHT NÄHERT!

PRESS

OHNE NII ...

WIESO SPÜRE ICH GAR NICHTS?

NANU?

DAS IST DOCH ...

ABER ...

... BIN ICH WIRKLICH VÖLLIG HILFLOS ...

!!

HI HI HI!

WEIL ES DIR AN FEINDSELIGKEIT FEHLT!

DU BIST SCHWACH UND HILFLOS, UND DIR FEHLT EINE WAFFE!

... KANN ER NICHT HINAUS!

NI HI HI! HI HI!

SELBST WENN DU SIE ÖFFNEST, ...

ICH MUSS RIN HELFEN, DAMIT ER ALLE RETTEN KANN.

ICH WÜRDE ES HASSEN, WENN RIN STERBEN WÜRDE.

DIE TÜR LÄSST SICH VON AUSSEN ÖFFNEN, NICHT WAHR?

HALT DURCH, RIN!

KLACK.

BANG

IHR GLAUBT DOCH NICHT ERNSTHAFT, ...

VERDAMMT, WO BIN ICH HIER?!

... DASS ICH AN SO EINEM ORT STERBEN WERDE?!

ABWARTEN, BIS DIE RITTER-SCHAFT DICH UMBRINGT, ...

... ODER SELBSTMORD, DAS SIND DEINE OPTIONEN.

BDUM

IST DAS WIRK-LICH SO?

DAS WERDE ICH NICHT ...

HAH HAH

SEIT VATER FUJIMOTO MIR DAS LEBEN GERETTET HAT, WEISS ICH, DASS ICH NICHT UMSONST GELEBT HABEN WILL.

ABER STERBEN WIRST DU SO ODER SO!

... WIRKLICH EINFACH STERBEN?

... SOLLTE ICH ...

ABER VIELLEICHT ...

„WER WEISS, OB ICH NÄCHSTES MAL NICHT JEMANDEN VERLETZE?"

„WAS WIRD PASSIEREN, WENN ICH DAS SCHWERT NÄCHSTES MAL ZIEHE?"

VATER FUJIMOTO ... WIESO ...

WIESO HAT ER MIR ÜBERHAUPT DAS LEBEN GERETTET?

OHNE MICH MIT DEN ANDEREN VERSÖHNT ZU HABEN ...

STERBEN, OHNE IRGENDWAS NÜTZLICHES GETAN ZU HABEN ...

VERRATE ES MIR!!

KLANG

RIN!!

!!

HAH

HAH

RIN!!

ICH HOL DICH HIER RAUS!!

SHIEMI ...

HAH

HAH

ICH HAB ALLES VON FRAU KIRIGAKURE GEHÖRT!

WENN DU KÄMPFEN WILLST, DANN HELFEN WIR DIR DABEI!

DU MUSST SO SCHNELL WIE MÖGLICH HIER RAUS!

WAS HAST DU DENN?

ICH ...

SCHO CK

!

GEH WEG!!

... WIE'S AUSSIEHT, IST DAS EINFACH NICHT GENUG.

ICH DACHTE, DASS ES MIT GENUG ENERGIE UND WILLEN SCHON IRGENDWIE KLAPPEN WÜRDE, ABER ...

ÄH?

ICH TRAU MIR EINFACH NICHT MEHR ZU, DIE FLAMMEN BENUTZEN ZU KÖNNEN.

VERMUTLICH IST ES BESSER, WENN ICH EINFACH STERBE.

WAS ...

KIAH!

... BIN DOCH ...

ICH ...

... DASS ICH RIN GAR NICHT RICHTIG WAHRGENOMMEN HABE.

ICH WAR SO MIT MIR SELBST BESCHÄFTIGT, ...

ICH ... BIN SO DUMM!

!

UND ICH WOLLTE SEINE FREUNDIN SEIN ...

PRESS

DESHALB HAB ICH KEINE ANGST!

DAFÜR HAST DU GESORGT, RIN!

SIEH DOCH!

ICH HAB MICH GAR NICHT VERBRANNT!

GANZ GENAU!

WHAFF SCHLITTER

HE!!

SOLL DAS HEISSEN, DU HAST KEINE ANGST VOR MIR?!

JA!

ACH SO ...

KONEKO-MARU ...!!

ICH WEISS, DASS DU NICHT GEFÄHRLICH BIST.

LASS UNS WIEDER FREUNDE SEIN.

LOB MICH MAL ... FIEL MIR ECHT NICHT LEICHT ZU KOMMEN!

ÄH ...

ICH?

NUR DASS DU'S WEISST, ICH BIN BLOSS DEN ANWEISUNGEN VON FRAU KIRIGAKURE GEFOLGT!

WHUDD

HGYAH!!

GERÜHRT

JEDENFALLS ... ÄH ... DANKE SCHÖN, LEUTE!!

WAS VATER BETRIFFT, WAR ICH WOHL NICHT NÜCHTERN GENUG ...

SU... SUGURO?!

SCHRECK ...

GRRRRRR

ÄH.

TUT MIR LEID, DASS ICH DICH GESCHLAGEN HABE.

HIER, DAS WIRST DU FÜR DEN KAMPF BRAUCHEN. ALSO NIMM ES!

DU HATTEST RECHT.

MIT DER SACHE, DIE MEINEN VATER BETRIFFT ...

SUGU-RO.

ZUCK

DU MUSST MIR VER-TRAUEN.

...!!

ICH FÜHRE DICH ZUM KONGOSHIN-ZAN!

ICH WERDE JEDENFALLS KÄMPFEN.

DORT KANNST DU DANN MACHEN, WAS DU WILLST.

ALSO HAB EIN WENIG VERTRAUEN ZU MIR!

ICH KANN NICHT ÄNDERN, DASS ICH SATANS SOHN BIN!

ABER ICH WERDE ALLES DAFÜR TUN, DIE FLAMMEN ZU MEISTERN!

?!

DAS IST MIR DOCH EGAL!!

... DASS DU DAS ALLES IM ALLEINGANG SCHULTERN WILLST ...

WAS ICH DIR ÜBELNEHME IST, ...

DU WARST DOCH DER, DER ZUERST NICHTS MEHR VON DEN ANDEREN WISSEN WOLLTE ...!

WIE SOLL ICH SO EINEM KERL VERTRAUEN?

!

WENN DAS SO IST ...

OKAY, JETZT KAPIERE ICH.

KACHIK

SUGURO ...

SHIMA ...

WOW, DAS IST WIRKLICH NEU.

UND JETZT WERDE ICH ...

... DIESEN KAMPF IN ALLER RUHE GENIESSEN!

SEHR SCHÖN ...

ACH, DAS HAT EINE HÜBSCHE WEILE GEDAUERT.

ENDLICH SIND BÜHNE UND DARSTELLER VEREINT.

ICH WERDE
MICH BEWEISEN
MÜSSEN!!!

ALSO GUT! FANGEN WIR HIER MIT DER SUCHE AN!

GUT!

UND WÜRDEST DU AUCH MAL NACH DEN ADEPTEN SCHAUEN?

ICH KANN SIE NIRGENDWO SEHEN.

ALLES KLAR!!

JA?!

TATSUMA...

ABER GERNE!

魔障6号

魔障6号

DANKE.

IHR HABT RIN BEFREIT?

WIR SOLLTEN NICHT ZU TIEF INS UNTERHOLZ GEHEN.

ER IST NICHT MEHR DA, WO MAMUSHI HOJO IHN ZULETZT GESEHEN HAT.

?!

WIESO? WAS IST MIT MEINEM VATER LOS?!

KÖNNT IHR BITTE ALS NÄCHSTES NACH TATSUMA AUSSCHAU HALTEN?

HALTET MICH AUF DEM LAUFEN-DEN! UND KEINE ALLEINGÄNGE!

ABER HALTET EUCH BLOSS VON DEM UN-REINEN KÖNIG FERN!

IHR MÜSST ALS ERSTES TATSUMA FINDEN UND IHN ÜBER DEN BRIEF BEFRAGEN.

VATER ...!!

WH

AFF

JA ...

RASCHEL

KACHK

...DASS ICH RIN AUS DEM KITCHEN GEHOLT HABE UND IHN HEIMLICH EINSETZE.

FWUUSCH

YUKIO, ICH FRAGE MICH, OB ICH DIR DAVON ERZÄHLEN SOLLTE, ...

ICH GLAUBE, ES IST BESSER, IHN NICHT NOCH MEHR UNTER DRUCK ZU SETZEN.

JA.

ALSO!

HÄ?!

WH

PF

... ENT-SCHULDI-GEN! ♡

YUKIO! ICH GLAUBE, ICH MUSS MICH BEI DIR ...

YUKIO.

MIT IHNEN BIN ICH LÄNGST FERTIG.

IHRE ENT-SCHULDIGUNG KOMMT ZU SPÄT.

KOMMAN-DANTIN KIRIGA-KURE!!

WAS SOLL DAS ...?

DER DIREKTOR RUFT NACH IHNEN!

ABER SEI WENIGSTENS EHRLICH MIT DIR SELBST.

WIE DU MEINST.

ACH, AUCH AN DIE GRÖSSE GEWÖHNT MAN SICH!

INSGEHEIM HABEN ALLE ANGST!

MAN HÖRT HERAUS, DASS SIE NICHT UM-SONST EXORZISTIN ERSTER KLASSE AUS DER ZENTRALE IM VATIKAN SIND!

GEGEN SO EINEN GROSSEN DÄMON HAT NOCH KEINER GEKÄMPFT.

SIE MACHEN MIR WIRKLICH MUT!

KLARO!

DANN FÜHR MICH ZU IHM!

...

ENTSCHEIDVNGSSCHLACHT AVF DEM KONGOSHINZAN

WIE SIEHT EUER SCHLACHT-PLAN AUS?

UND ...

UM UCCHUSMA HERBEIZURUFEN, IST ES NOTWENDIG, DASS ZEHN ODER MEHR TAMER DER ERSTEN KLASSE GLEICHZEITIG REZITIEREN.

WIR WERDEN DEN ALLES UNREINE VER-BRENNENDEN VAJRA UCCHUSMA HERBEIRUFEN.

WIR WÜRDEN UNTERSTÜTZUNG AUF JEDEN FALL ZU SCHÄTZEN WISSEN, KOMMANDANTIN KIRIGAKURE.

KNISTER

KNISTER

KNISTER

KNISTER

KNISTER

NACH DEM DIAGRAMM DER MAGISCHEN ELEMENTE IST SEIN SCHWACHPUNKT DAS FEUER.

DER UNREINE KÖNIG GEHÖRT ZUR FAMILIE DES KÖNIGS DER VERWESUNG.

UCCHUSMA, ALSO ...

... AGNI, DER FEUER-GOTT ...

UCCHUSMA IST UNTER ALLEN FEUER-DÄMONEN, DIE WIR HERBEI-RUFEN KÖNNEN, UNSER STÄRKS-TER TRUMPF.

MIT EINEM FLAMMENWERFER ODER EINEM GEWÖHNLICHEN FEUER-DÄMON MITTLERER ORDNUNG IST IHM ALLERDINGS NICHT BEIZUKOMMEN.

IHN ZUM VERBÜN-DETEN ZU HABEN, WÄRE ALLERDINGS ERMUTIGEND.

KNISTER

KNISTER

KNISTER

WHA

EE

ON!

FWOOO

SHURIMARI MAMARI ...

... MARI SHUSHURI SOWAKA ...

SHURIMARI MAMARI ...

... MARI SHUSHURI ...

FÜNF ERZ-PRIESTER SIND NICHT GENUG!

WIR MÖCHTEN TROTZDEM DEINE KRAFT BORGEN!

IM MOMENT SIND DESHALB NUR FÜNF ERZ-PRIESTER ANWESEND!

MANCHE GESCHLECH-TER DER ERZPRIESTER SIND IN DEN LETZTEN 150 JAHREN AUS-GESTORBEN!

ZWOOSH

ABER ICH WILL AUCH NICHT, DASS DER UN-REINE KÖNIG DIESES LAND VERHEERT!

ALSO SOLLT IHR SO VIEL FEUER ERHALTEN, WIE ES DEM BLUT VON FÜNF ERZPRIESTERN ENTSPRICHT!

?!

WHOFF

WHOFF

!!

MEIN STAB!!

WHOFF

GROOAH

OOOH

FSHAAA

ATTACKE
!!!

ICH
...

ICH
FASS ES
NICHT
...

ICH
SAGE FRAU
KIRIGAKURE
BESCHEID!

VATER!!

!

MOMENT
MAL ...

DAS
IST DOCH
OSSAMA!!

WHO ?!

PLONG

MEIN NAME IST KARURA. ICH DIENE DEM OBERPRIESTER DER MYOO-DARANI-SHU.

WAS ...?!

ICH ... ICH ...

HUST

WAR ICH. ABER DA DAS GEHEIMNIS OFFENBART WORDEN IST, WURDE UNSER PAKT GELÖST.

KARURA? BIST DU VATERS MAGISCHER DIENER?

SCHNEB SCHNEB SCHNEB

VATER!

ZURZEIT SIND WIR ABER DURCH EIN PERSÖNLICHES ABKOMMEN MITEINANDER VERBUNDEN.

SO EIN UNFUG ...

... HNGH

RYUJI!

WIESO SIND ALL DIE JUNGEN LEUTE HIER ...

DEINE WUNDEN SIND GEHEILT, ABER DU KANNST DICH NOCH NICHT BEWEGEN, TATSUMA.

DIE WOLLEN DIR HELFEN!

AUSSERDEM BESTEHT ZWISCHEN UNS NOCH DER VERTRAG DER FLAMME DER ÄONEN-WELLEN.

ICH LASSE DICH NICHT STERBEN.

MAN NENNT MICH AUCH DEN UNSTERBLICHEN VOGEL. ICH ER-WACHE IMMER WIEDER ZUM LEBEN.

DU, KARURA? BIST GANZ SCHÖN KLEIN GEWORDEN ...

ICH DACHTE, DU WÄRST GENAUSO TOT WIE ICH.

!

RIN ...!

ICH HAB IHN AUCH GELESEN.

HAST DU MEINEN BRIEF GELESEN?

NICKS

WAS ?!

PRAKTISCH ALLE, DIE HERGEKOMMEN SIND, WISSEN BESCHEID.

UND ICH WILL, DASS ALLE GEHEIMNISSE AUF DEN TISCH KOMMEN!

ICH WERDE EUCH ERZÄHLEN, WIE MAN DEN UNREINEN KÖNIG BESIEGEN KANN.

ALSO GUT ...

HEISST DAS, MAN KANN DAS HERZ NICHT TREFFEN, ...

DAS IST EIN PROBLEM ...

SO IST ES.

... OHNE DEN SPORENSACK KAPUTT ZU HAUEN?

DAS IST EINE TECHNIK, UM DIE ZEIT, DIE EIN MENSCH GELEBT HAT, IN FLAMMEN UMZUWANDELN.

VOR FÜNFZEHN JAHREN HABE ICH ...

AM ENDE DES LEBENS WIRD DIE FLAMME AUSGESTOSSEN UND VERBRENNT ALLES UM SIE HERUM.

DAS WAR DIE TRUMPFKARTE, MIT DER ICH DEN UNREINEN KÖNIG ENDGÜLTIG BESIEGEN WOLLTE.

... MIT KARURA VEREINBART, SEINE „FLAMME DER ÄONEN- WELLE" ZU NUTZEN.

DAS FEUER IN MIR IST BEINAHE ERLOSCHEN.

... HABE ICH BEREITS EINGE- SETZT, UM DEN UNREINEN KÖNIG AUFZUHALTEN.

ABER DIE FLAMMEN, DIE ICH SEIT FÜNFZEHN JAHREN IN MIR SAMMLE, ...

... UM DAS MIASMA ZURÜCKZUHALTEN, DAS AUSTRITT, WENN DER SPORENSACK ZERSTÖRT WIRD.

ICH WERDE MIT DEN RESTEN DES FEUERS EINEN BANNKREIS BILDEN, ...

RIN.

MEINE BITTE AN DICH IST, DAS HERZ DES UNREINEN KÖNIGS MIT DEM DÄMONENBEZWINGER ZU VERNICHTEN.

ICH VERSTEHE ...

DU WÜRDEST IMMERHIN DEIN LEBEN RISKIEREN ...

TUT MIR LEID, ABER ...

ÄH?!

ÄH? NEIN, DAS IST ES NICHT. ICH KANN IM MOMENT DAS SCHWERT NICHT ZIEHEN.

DAS GIBT'S DOCH NICHT!!

ICH HAB KEINE AHNUNG WIESO, VERMUTLICH IST DAS SO EINE MENTALE GESCHICHTE ...

WIE BITTE?!

HÄ?!

ICH VERSUCH'S SCHON DIE GANZE ZEIT, ABER ES KLAPPT EINFACH NICHT!

TUT MIR LEID, OSSAMA!

ES NERVT MICH DOCH SELBST!! ABER ICH KANN IM MOMENT NICHTS FÜR EUCH TUN!

VERSTEHE ... DAS GIBT ALLERDINGS ANLASS ZUR SORGE ...

OSSAMA!!

UH ...

THUD

ICH HABE DEINE WUNDEN GEHEILT, ABER DU STEHST KURZ DAVOR, AN BLUTMANGEL ZU STERBEN!

UNMÖGLICH, TATSUMA.

DU HAST ZU VIEL BLUT VERLOREN.

WAS ...

WENN DAS SO IST, DANN ...

... WILL ICH ZUMINDEST VERSUCHEN, DEN BANNKREIS ZU ERRICHTEN ...!!

SCHWANK

ES BRAUCHT JA NICHT FÜR LANGE ZU SEIN...!

IN DIESEM ZUSTAND KANNST DU DEN BANNKREISZAUBER NICHT REZITIEREN.

ES GIBT DINGE, DIE SIND WICHTIGER ALS MEIN LEBEN!

DU WÜRDEST DARAN STERBEN.

DU BIST ALSO TATSUMAS SOHN, NICHT WAHR?

ACH...

VATER! SAG MIR, WAS ICH TUN KANN!

KONEKOMARU! HAST DU KIRIGAKURE NOCH NICHT ERREICHT?

DU KOMMST WIE GERUFEN.

...

VIELLEICHT LIEGT'S AN DEM DICHTEN MIASMA HIER!

TUT MIR LEID, ICH HÖRE IMMER NUR RAUSCHEN!

!

UNTER BLUTSVERWANDTEN KANN MAN DIE FLAMME DER ÄONEN-WELLE ÜBERTRAGEN.

... WAR ES DAS?

... IMMER ALLEINE WAR ...

KEUCH

DU HAST DAS DIE GANZE ZEIT ALLEINE MIT DIR RUMGESCHLEPPT?

KEUCH

KEUCH

...

ICH HAB'S DOCH GERN GETAN, RYUJI ...

ABER ... ICH ...

DAS LASSE ICH NICHT ZU ...!!

!!

ICH HELFE DIR DABEI!!!

UND IN DEINEM ZUSTAND SOLLTEST DU VERDAMMT FROH DARÜBER SEIN!!

... DASS ER DA HINEIN-GEZOGEN WIRD ...

ICH WOLLTE DOCH NICHT, ...

...!!

TATSUMA ... DEIN SOHN IST KLÜGER ALS DU ...

DANN FÜHRE ICH JETZT DIE ÜBERTRAGUNG DER FLAMME DER ÄONENWELLE DURCH.

BLITZ

GRK

DU SAGST, DU BIST EIN BLUTSVERWANDTER VON TATSUMA SUGURO.

BEWEISE ES MIT DEINEM BLUT!

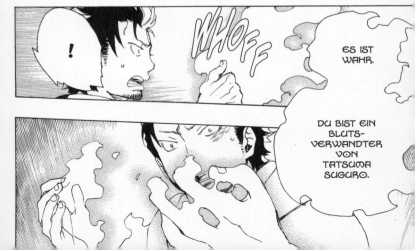

WHOFF

ES IST WAHR.

DU BIST EIN BLUTSVERWANDTER VON TATSUMA SUGURO.

WHAFF

ES GIBT DA EINIGE MUDRAS, DIE NEU FÜR DICH SEIN WERDEN.

KOMM NÄHER, DAMIT DU GENAU SEHEN KANNST, WIE ICH DIE HÄNDE FALTE.

SIEH ZU, HÖRE ZU UND PRÄGE DIR ALLES GUT EIN!

PASS GUT AUF, ICH KANN DAS NUR EINMAL ZEIGEN.

DANN DAS MUDRA DER VIER RICHTUNGEN ...

RYUJI!

... HORAMANDA MANDA ...

... HATTA.

ZUERST ...

... BILDEST DU DAS MUDRA DER ERDBINDUNG.

ON KIRIKIRI BASRABA-JIRI ...

ICH HAB DIR DOCH GESAGT, DASS DU NICHT HERKOMMEN DARFST.

NA, KOMM HER!

DU BIST WIRKLICH UNVER-BESSERLICH, JUNGE.

DAMIT IST DER BANN-KREIS ...

SS T

ZUM SCHLUSS BE-RÜHRST DU MIT DEM MUDRA DER ERDBERÜHRUNG DEN BODEN.

KEUCH

KEUCH

KEUCH

TH UD

VATER!!

JA!

J...

KEIN PROBLEM!

MORIYAMA! KAMIKI!

KÖNNT IHR HIER BEI MEINEM VATER BLEIBEN?

ERZÄHLT IHR UND ALLEN MYODA-LEUTEN WAS HIER PASSIERT IST!

FWUPP

IHR ZWEI MACHT EUCH AUF DEN WEG ZU KIRIGA-KURE!

SHIMA! KONEKO-MARU!

DIESER BANNKREIS BREITET SICH VON DEM PUNKT AUS, AN DEM MAN DIE ERDE BERÜHRT HAT!

UND DU, BON?

ICH WERDE EINEN BANN- KREIS ZIEHEN!

D...D... DU WILLST WIRKLICH ZU DIESEM DING DA GEHEN?!

?!

ALSO MUSS ICH DABEI MÖGLICHST NAH AM SPOREN- SACK SEIN!

BIST DU WIRKLICH LEBENS- MÜDE?

ICH HAB BISHER DIE KLAPPE GEHAL- TEN, WEGEN DEINER ELTERN UND SO ...

BON!

DAS IST WAHN- SINN!!

KEINE SORGE.

ABER JETZT MUSS ICH DOCH MAL WAS LOS- WERDEN.

WIESO DENN NICHT?

HÄ ?!

DAS SCHWERT KANN ICH NICHT ZIEHEN, ABER EIN BISSCHEN MIT DEN FLAMMEN SPIELEN ...

AUSSERDEM BIN ICH VERDAMMT STARK!!

WHAMMM

ICH PASSE AUF SUGURO AUF!

ÄH? UND ICH?

...

...

WÜRDEST DU IHN MIR ANVERTRAUEN,

... KONEKO-MARU?

ABER KOMMT BLOSS NICHT AUF DIE IDEE, MIR NACHHER WAS VORZUJAMMERN!!

THAMM

KONEKO-MARU?! MOMENT!!

ALLES IN ORD-NUNG?

VIELEN DANK!

TSCHUCK

!!

MERKWÜRDIG ...

WAS IST DAS NUR ...

ES IST, ALS OB DIE UMGEBUNGS-GERÄUSCHE SICH IMMER WEITER VON MIR ENTFERNEN WÜRDEN ...

ALLES IST SO UNWIRKLICH ...

YUKIO!

?

SEI EHR-LICH MIT DIR SELBST!

RASCHEL

WOHER MAG DAS KOMMEN?

EIN ROTES LICHT ...

!

...

SABUROTA
TODO?!

HAH

HAH

...ODER...

SOLL
ICH VER-
STÄRKUNG
HOLEN
...

UND WAS
SIND DAS FÜR
FLAMMEN?!

ABER
ER SIEHT
SO JUNG
AUS?!

HALLO!

SCHOCK

DA IST JEMAND!

ICH WEISS ES!

HAH

HAH HAH

VER-STECKEN IST ZWECK-LOS!

ALSO ZEIG DICH, YUKIO OKUMURA!

BLUE EXORCIST ⑦ - ENDE

AH!

KURO, ZUR GLEICHEN ZEIT ...

AUTORIN

VIELEN LIEBEN DANK FÜRS KAUFEN!

UND SCHON SIND WIR BEI BAND 7 VON BLUE EXORCIST!

... DASS ICH DORT EINE RUBRIK FÜR FRAGEN UND IDEEN ANGEKÜNDIGT HATTE. UND DAS IST DIE POST, DIE WIR DARAUFHIN ERHALTEN HABEN!!

DICKES DANKE!!

DANKE SCHÖN!!

TATAMM

DIE LESER VON BAND 6 WERDEN SICH VIELLEICHT NOCH DARAN ERINNERN, ...

GRÖSSEN-WAHN ...

WOW!! IST JA IRRE!!

HMM.

ACHTUNG: IN WIRKLICHKEIT HABEN DIE ASSISTENTEN DAS GELEISTET!

KONFERENZ ZUR AUSWAHL DER INHALTE FÜR DIE BONUS-ECKE

TOCK

...

ABER SCHERZ BEISEITE!

ICH WERDE ALS ERSTES DIE VORSCHLÄGE ZUSAMMENFASSEN, DIE WIR VON DEN LESERN ERHALTEN HABEN!

WIE SIEHT ES MIT EINER RUBRIK FÜR FAN-ART AUS?

NICHT GENUG SEITEN ...

HMM ... DAS WÄRE BESTIMMT NETT, ABER VIEL ZEIGEN KÖNNTEN WIR DA NICHT.

SEHT MAL, DIE SIND RICHTIG GUT!

MANCHE HABEN SCHON ZEICHNUNGEN GESCHICKT!

WAS? JETZT SCHON?!

DU SIEHST SO COOL AUS, YUKI!

GUT! EINE ÜBERWÄLTIGENDE MEHRHEIT WILL EINE ECKE FÜR FAN-ART!

TACK TACK

HM.

DAS IST NOCH ZU FRÜH. ICH MUSS MIR NOCH REGELN FÜR DEN KAMPF AUSDENKEN.

COOL!

DIE KÖNNTEN SICH EINEN NEUEN STAB FÜR MICH AUSDENKEN!

ALS NÄCHSTES KOMMEN IDEEN FÜR FIGUREN, DÄMONEN, WAFFEN USW.

DA WERDE ICH SICHER MAL WIEDER WELCHE ZEICHNEN.

ICH BIN DA NICHT SO GUT DRIN, EINE FESTE RUBRIK IST UNMÖGLICH ...

JA.

DIE ZWEITMEISTEN STIMMEN WAREN FÜR YONKOMAS!

TSS!

VOR ALLEM DIE WEIBLICHEN FANS WOLLEN DAS!

EINE COSPLAY-PARTY!

DAS WÜRDE ICH LIEBER IM HAUPTTEIL MACHEN!

DAS MACHE ICH AUCH IM HAUPTTEIL!

ÄÄH

ETWAS ÜBER DAS ALLTAGSLEBEN DER FIGUREN?

EIGENTLICH GAR NICHT. HEUTE IST DAS ERSTE MAL, ALSO WERDEN WIR DIE HÄUFIGSTEN FRAGEN VON DEN SCHÜLERN DES EXORZIS-TEN-KOLLEGS BEANTWORTEN LASSEN.

FRAGE-ECKE ... DAS KLINGT SO INTELLIGENT ... SO GESCHEIT ...

DA DER PLATZ KNAPP IST, SOLLTEN WIR DIREKT MIT DEN FRAGEN LOSLEGEN!

✤✤✤✤✤✤✤✤✤✤✤✤✤✤✤✤✤✤✤✤✤✤✤✤✤

HÄ? NA DANN, LOS!!

ALLE FRAGEN ÜBER DEN ZUKÜNFTIGEN VERLAUF DER STORY HABEN WIR ÜBRIGENS AUSSEN VOR GELASSEN. RIN MACHT DEN ANFANG!

ÄH ... DA DIESMAL VIELE FRAGEN MEHRFACH GESTELLT WURDEN, BEKOMMT NUR DER DAS GESCHENK, DESSEN ZUSCHRIFT TATSÄCHLICH AUSGEWÄHLT WURDE. SORRY!

DAS KLINGT EHER SO, ALS OB DU DAS EINFACH NUR GERNE ISST!

HM ... SUKIYAKI!

DAS WAR TATSÄCHLICH DIE HÄUFIGSTE FRAGE. ÜBERHAUPT WURDE ZUM THEMA ESSEN ZIEMLICH VIELES MEHRFACH GEFRAGT.

WAS MEIN BESTES GERICHT IST?

GLÜCKWUNSCH ZUR FRAGE-ECKE! ICH HABE EINE FRAGE AN RIN OKUMURA UND ZWAR GEHT ES DARUM, DASS ER SO SUPER KOCHT. MEINE FRAGE LAUTET, WELCHES GERICHT RIN AM ALLERBESTEN KOCHEN KANN!

UROBOTATA (25) AUS AICHI

WAS?!

WENN ES UMS KOCHEN GEHT, KANN MEIN BRUDER SICH WIE EIN NORMALER MENSCH UNTERHALTEN.

DAS WAR EINE EHER NORMALE ANTWORT.

AUSSERDEM BIN ICH GUT IM BRATEN VON JAPANISCHEN OMELETTS. ICH GEHÖRE ZU DEN LEUTEN, DIE GERNE FRÜHLINGSZWIEBELN REINTUN.

STIMMT NICHT! MEIN SUKIYAKI IST TOTAL LECKER! DA BIN ICH RICHTIG STOLZ DRAUF! ÜBERHAUPT HABE ICH EIN ZIEMLICHES REPERTOIRE, WAS EINTOPFGERICHTE ANGEHT! IM STIFT WAREN WIR WIE EINE GROSSE FAMILIE, DA WAREN EINTÖPFE AM PRAKTISCHSTEN.

FRAGE-ECKE ALPHA

TUT MIR LEID, ICH WÜRDE GERNE ANTWORTEN, ABER ICH WEISS ES NICHT.

DAS WAR DIE HÄUFIGSTE FRAGE ZU YUKIO. AM ZWEITHÄUFIGSTEN WAREN FRAGEN ZU SEINER BRILLE.

ÄH ... ACH DAS?

...

WIE VIELE MUTTERMALE HAT YUKIO EIGENTLICH? AKA NO EKUSOSHISUTO (14) AUS CHIBA

HI HI HI! STELL DICH NICHT SO AN!

NEIN, BITTE NICHT.

NA NA NA! DANN ZEIG MAL HER! DIE ZÄHLEN WIR JETZT MAL! DAS GEHÖRT ZUM FANSERVICE! HI HI HI!

ICH HAB SIE ABER NOCH NIE GEZÄHLT! DAS GEHT AUCH GAR NICHT RICHTIG, WEIL STÄNDIG IRGENDWO NEUE AUFTAUCHEN, OHNE DASS MAN ES BEMERKT!

DU WEISST ES NICHT? SO KENNE ICH DICH GAR NICHT. ICH HATTE EHER DAMIT GERECHNET, DASS DU SIE GANZ GENAU GEZÄHLT HAST.

WIESO VERWENDET SHIEMI SO MERKWÜRDIGE NAMEN FÜR DINGE, ZUM BEISPIEL „SANCHO" ODER „UNIUNI"? TOMOMARU (14) AUS FUKUI.

UND DIE NÄCHSTE FRAGE BITTE ...

?! SHI... SHIEMI ...

MUTTERMALE? ICH FINDE YUKIOS MUTTERMALE SCHICK!

!!!

AUFHÖREN! SCHLUSS MIT DEM THEMA MUTTERMALE!

JA, LERNEN IST WICHTIG!

ALOE VERA UND ANDEREN PFLANZEN, DIE PRALLE SONNE MÖGEN, GEBE ICH AUF JEDEN FALL LATEINAMERIKANISCH KLINGENDE NAMEN. „SERGIO", „ESMERALDA" UND SO ... ABER SEIT ICH DAS EXORZISTENKOLLEG BESUCHE, LERNE ICH AUCH DIE OFFIZIELLEN NAMEN!

VERMUTLICH „UNAUNA". ABER „UNINUNI" IST AUCH SÜSS! ÄHEM. DAS IST EINE ANGEWOHNHEIT AUS MEINER KINDHEIT. ICH SEH DIE PFLANZEN AN UND GEBE IHNEN DANN JE NACH STIMMUNG EINEN NAMEN.

BEI SHIEMI HATTEN WIR VIELE FRAGEN ZUR HERKUNFT VON PFLANZENNAMEN. ABER WAS IST EIGENTLICH „UNIUNI"?

EINE FRAGE!!! WIESO SIND SHIMAS HAARE EIGENTLICH PINK-FARBEN? KAMOSHIKA (13) AUS CHIBA

ES GAB VIELE FRAGEN ZU SUGUROS FRISUR. UND ÄHNLICHE FRAGEN ...

EINE SACHE, DIE MICH IMMER BESCHÄFTIGT, WENN ICH SUGURO SEHE, IST DIE FRAGE, OB ER SEINE HAARE WIRKLICH NUR IN DER MITTE FÄRBT? IN BAND 5 SAGT ER, DASS DAS SEINE ENTSCHLOSSENHEIT ZEIGEN SOLL, ABER WIESO FÄRBT ER SICH DANN NICHT ALLE HAARE? IRGENDWIE LÄSST MICH DIESE FRAGE NICHT LOS, ICH BITTE UM AUSKUNFT! DOKUMEI KIBO (17) AUS YAMAGATA

WAS?! WIESO „AUTSCH"?!

AUTSCH.

BON, DU SOLLTEST ETWAS FREUNDLICHER ZU FRAUEN SEIN. WO DU OHNEHIN IMMER SO FINSTER DREIN-SCHAUST. ICH FÄRBE MIR DIE HAARE PINK, WEIL FRAUEN DARAUF STEHEN. DAS IST DER GRUND!

ALS FRISUR TRAG ICH EINEN LÄNGE-REN SOFT-IRO. ICH FÄRBE DIE HAARE, UM DEN IRO HERVORZU-HEBEN. ALLES ZU FÄRBEN WÄRE SINNLOS!

OHNE BRILLE ETWA 0,07. MIT BRILLE UNGEFÄHR 1,0. SO EINE BRILLE VERÄNDERT AUCH IRGENDWIE DEN GESICHTSAUSDRUCK, NICHT WAHR.

WIE GUT IST KONEKOMARUS SEHKRAFT? MOMO OGATA (10) AUS MIYAGI

SHIMA ... WIESO DENKST DU ÜBERHAUPT NOCH?

DAS STIMMT NICHT! ICH DENKE MEISTENS GANZ ERNSTHAFT! ZU 80 PROZENT JEDENFALLS ...

DAS STIMMT NICHT. BEI DIR SIND DIE HAARE EINFACH SO. WEIL IN DEINEM KOPF ALLES PINK IST, WACHSEN DIR PINKFARBENE HAARE!

✧✧✧✧✧✧✧✧✧✧✧✧✧✧✧✧✧✧✧✧✧✧✧✧✧✧✧✧✧✧

HÄ? WAS? BABYSPRACHE? WAS SOLL DAS HEISSEN! (MOMENT MAL!! WIE KONNTE DAS RAUSKOMMEN?!)

IZUMO REDET IN BAND 6 IN BABYSPRACHE MIT KURO. MAG IZUMO KATZEN? ANRI (13) AUS FUKUI

!!!

ICH HABE GEHÖRT, DASS LEUTE, DIE GUT SEHEN, IM ALTER FRÜH WEITSICHTIG WERDEN.

FURCHTBAR! ICH WEISS NICHT, WIE DAS IST, ICH HABE GUTE AUGEN!

FRAGE-ECKE ALPHA

DAS WAR ECHT LANGATMIG ... ODER WAR DAS SPANNEND?

HOPPLA, ICH FÜRCHTE UNS GEHT SCHON DER PLATZ AUS! DAS WAR'S FÜR DIESMAL!

HÖR AUF MICH ZU NERVEN!! ICH MAG EBEN DINGE, DIE SÜSS SIND!! HÄSCHEN UND PANDAS UND SO!! WAS HABE ICH DENN JETZT SCHON WIEDER GESAGT?! LASS MICH IN RUHE!!

BABY-SPRACHE?!

FAN-ART-ECKE

ICH WARTE AUF EURE MEISTERWERKE!

ALLES IN SCHWARZWEISS UND SCHÖN DEUTLICH!

BITTE KEINE BLEISTIFT- UND FARBZEICHNUNGEN, DIE LASSEN SICH SCHLECHT DRUCKEN!

FRAGE-ECKE

SONST GIBT'S KEIN GESCHENK!

SCHREIBT AUSSER EUREM PSEUDONYM AUCH EUREN RICHTIGEN NAMEN!

BITTE IN ZUKUNFT NUR NOCH ZWEI BIS DREI FRAGEN PRO WOCHE! DANKE!

FANPOST

ES IST DIESELBE ADRESSE! ICH WARTE AUF EURE ZUSCHRIFTEN!

VIELE LEUTE WOLLTEN WISSEN, WOHIN SIE FANPOST SCHICKEN KÖNNEN.

DAS „BLUE EXORCIST" TEAM

IMMER NOCH NICHT?

ÄH?

KAZUE KATO

NANU? DIESE STORY SOLLTE MIT BAND 7 EIGENTLICH ABGESCHLOSSEN SEIN, ABER WIE'S AUSSCHAUT, GEHT ES IN BAND 8 WEITER!

JA, SO ETWAS KOMMT VOR! MANCHMAL IST DAS HART FÜR MICH, ABER MIR GEHT'S GUT!

VIEL SPASS MIT BAND 7!

AO NO EXORCIST

First published in Japan in 2009
by SHUEISHA Inc., Tokyo.
German translation rights in Germany,
Austria, German-speaking Switzerland and
Luxembourg arranged by Shueisha Inc.

Deutschsprachige Ausgabe / German Edition

© 2015 VIZ MEDIA SWITZERLAND SA
CH-1007 LAUSANNE
2. AUFL AGE

**AUS DEM JAPANISCHEN VON
JOHN SCHMITT-WEIGAND**

REDAKTION Patrick Peltsch
PRODUKTION Dorothea Styra
LETTERING Datagrafix Inc.
DRUCK UND BINDUNG
GGP Media GmbH, Pößneck

ISBN 978-2-88921-031-2

Einzelband mit zahlreichen Farbseiten

Enthält den Prolog zu Blue Exorcist

Kazue Kato

Einzelband
ISBN 978-2-88921-509-6

Was haben ein dämonischer Exorzist, ein Ninja-Kaninchen, ein kleiner Superheld, Außerirdische und eine Wünsche erfüllende Reisschale gemeinsam?

Sie alle stammen aus der Feder von Kazue Kato. Die Zeichnerin von Blue Exorcist hat vor ihrer Bestseller-Serie eine Reihe fantastischer Manga-Short-Storys für das Magazin JUMP SQUARE geschaffen. In Time Killers sind diese erstmals vereint. Entdeckt selbst, wie Kazue Kato den Grundstein für Blue Exorcist gelegt hat!

 www.kaze-online.de   www.facebook.com/kaze.deutschland